NOTES

SUR LA

QUESTION SIAMOISE

PAR

LE Dr LOUIS PICHON

(DE SHANGHAÏ)

PARIS

TYPOGRAPHIE DE E. PLON, NOURRIT ET Cie

RUE GARANCIÈRE, 8

1893

NOTES

SUR LA

QUESTION SIAMOISE

PARIS

TYPOGRAPHIE DE E. PLON, NOURRIT ET Cᵢₑ

Rue Garancière, 8.

NOTES

SUR LA

QUESTION SIAMOISE

PAR

LE Dʳ Louis PICHON

(DE SHANGHAÏ)

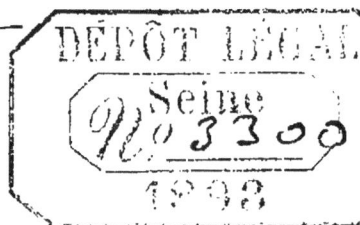

PARIS

TYPOGRAPHIE DE E. PLON, NOURRIT ET Cⁱᶜ

RUE GARANCIÈRE, 8

—

1893

NOTES

QUESTION SIAMOISE

Le protectorat que nous avons assumé sur
l'Annam et sur le Cambodge, nous a créé
des obligations que l'intérêt et l'honneur de
la France ne lui permettent pas d'éluder
plus longtemps, et nous impose le devoir de
nous retourner à la fin contre le Siam, qui
n'a pas craint de mettre le territoire de nos
protégés en coupe réglée, et de grignoter çà
et là, où bon lui semblait, comme font les
rats dans une maison abandonnée.

Pour les personnes qui ont pratiqué
l'Extrême-Orient, et je puis me classer dans
le nombre après vingt années de séjour en

Chine, la liberté grande dont les Siamois ont usé envers nous n'a rien qui doive surprendre.

Elle est la conséquence d'une loi d'ordre moral que l'on s'obstine à méconnaître en Europe, et qui, pourtant, est aussi formelle, aussi inflexible que la loi commerciale de l'offre et de la demande.

La longanimité et la modération se traduisent pour ces peuples par les mots « crainte et impuissance ». Ils n'ont de respect que pour la force et ses manifestations.

C'est la formule exacte de ce fait, et non une simple boutade comme on aurait pu le croire, que j'ai exprimée dans mon livre *Un voyage au Yunnan*, en émettant à propos de la Chine, cet aphorisme paradoxal en apparence : « Ce n'est pas *avec du sucre*, mais *avec du vinaigre*, qu'on prend les mouches dans un pays où tout se fait au rebours des choses d'Occident. »

Le Siam devait donc fatalement abuser de notre longue patience, et il s'en est donné à cœur joie.

Après avoir obtenu d'un diplomate inconscient la ratification définitive de la prise de possession des provinces de Battambang et d'Angcor, qu'aucun titre officiel n'avait légitimée jusqu'à ce moment, il a trouvé que l'occasion était vraiment trop belle pour ne pas tirer un nouveau profit de l'ignorance dont nous avions fait preuve en signant le traité de 1867.

Avec cette « diplomatie de l'enfant », d'autant plus habile qu'on s'en défie moins, et qui constitue en définitive la grosse malice tant vantée des grands hommes d'État de l'Extrême-Orient, les Siamois ont avancé petit à petit la main sur le fruit défendu.

Ils ont usurpé sournoisement les provinces septentrionales du Cambodge, que la rébellion avait soustraites momentanément à l'autorité royale, et qu'ils auraient bien voulu

englober dans le traité qui leur cédait Angcor et Battambang, mais la crainte de faire
crier la poule que nous les aidions à plumer
avec tant de complaisance, avait mis une
sourdine à leurs convoitises.

Du Cambodge, ils avaient déjà passé le
grand fleuve et s'étaient emparés d'une partie de la rive gauche du Mékong, pendant
que l'Annam, épuisé par ses luttes intestines,
ne songeait guère à défendre un pays dont
il avait été jusque-là le maître incontesté.

Ils avaient attaqué les Annamites sans
provocation. Se ruant à l'improviste sur
cette contrée, ils en enlevèrent la population, qu'ils transportèrent sur la rive droite.

Le pays, devenu désert, fut repeuplé dans
la suite, à l'aide d'habitants arrachés eux-
mêmes aux provinces laotiennes par le même
procédé violent.

Cette conquête brutale est suivie d'un
temps de repos assez long; mais, aussitôt
que notre politique s'accentue du côté du

Tonkin, le Siam, réveillé de sa torpeur par des conseillers intéressés, reprend sa marche envahissante, et à partir de 1885 surtout, comme si le mot d'ordre était parti de Birmanie, son ambition se donne libre carrière aux dépens de nos protégés.

Gâtés par le succès que nous leur rendions si facile, les Siamois n'ont pas tardé à franchir aussi les limites du respect, et ils ont fait sentir à nos compatriotes le peu de cas qu'ils faisaient du prestige de la France.

La mission Fournereau, envoyée par le ministère des Beaux-Arts en 1888 pour étudier les monuments d'Angcor, pourrait en dire long sur les vexations auxquelles elle a été en butte de la part des autorités siamoises du Sam-Riep, malgré les clauses formelles du traité de 1867 qui stipulait un traitement privilégié pour nos explorateurs et nos archéologues.

Je me trouvais aux ruines d'Angcor à la

même époque, et je me fais un devoir de témoigner ici des tracasseries sans nombre que la mission a dû subir, et des difficultés de toute sorte qu'on lui a créées pour la fourniture des vivres et des moyens de transport.

J'ai été victime moi-même de ces mauvais procédés, que l'on sentait voulus et ordonnés par la cour de Siam.

Ce souvenir pénible réveille en mon esprit le sentiment de honte que me causa cet accueil dédaigneux qui contrastait d'une façon si frappante avec la réception cordiale que j'avais reçue des mêmes autorités, dix-huit ans auparavant, lors de ma première visite aux ruines d'Angcor. On s'était montré prévenant, empressé à mon égard ; je retrouvais des gens hautains, arrogants, et je dus quitter le pays sans avoir rempli le but de mon voyage.

Le nom de la France avait cessé d'étendre sa protection sur nous.

Enhardi par notre indifférence, le Siam ne nous a ménagé alors ni les provocations, ni les insultes.

La Compagnie commerciale du haut Laos a éprouvé à son tour les exigences et les mauvais traitements des petits mandarins siamois.

On a chassé honteusement nos commerçants, on a opposé à nos demandes légitimes le « *non possumus* » du caprice oriental, et nos justes réclamations ont été repoussées avec mépris et d'une façon particulièrement offensante ; enfin, pour mettre le comble à tant d'impudence, on n'a pas craint de fouler aux pieds le pavillon français qui flottait sur le territoire de l'Annam.

Le moment est venu de liquider cet arriéré de comptes que nous avons eu le tort de laisser si longtemps en souffrance.

La déclaration faite par le gouvernement ne saurait être une vaine menace. Il ne peut être question maintenant de protestations

platoniques comme celles que la mission
Pavie avait été chargée de faire entendre à
la cour de Siam en 1890. Toute discussion
oiseuse ne ferait qu'envenimer le conflit.

*
* *

Le *Times* déclarait dernièrement que « la
vaste étendue de terrain comprise entre le
Mékong et la grande chaîne de montagnes
qui lui est parallèle à l'est, était la possession
indiscutée du royaume de Siam ».

A l'appui de cette assertion, il citait la
carte de Francis Garnier, dressée en 1866-
1868 ; mais en établissant au point de vue
géographique les vastes proportions du lar-
cin siamois, Garnier n'entendait pas donner
à cette délimitation la sanction de son autorité.

Puisque le journal anglais fait appel au
témoignage de notre illustre mort, qu'il se
reporte à la page 151 du *Voyage d'explora-*

tion de l'Indo-Chine, et il verra ce que Francis Garnier et les Siamois eux-mêmes pensaient sur la question qui nous occupe :

« Ce fut le 3 juin 1864 qu'eut lieu le couronnement de Norodom en présence d'un envoyé siamois et du chef d'état-major de l'amiral La Grandière, M. le capitaine de frégate Desmoulins. »

« Il est intéressant de rapporter ici la pièce qui fut présentée au couronnement par l'envoyé siamois ; on y remarquera la hâte avec laquelle s'y produit la revendication de Battambang et d'Angcor :

« .....Autrefois, le Cambodge était indé-
« pendant et gouverné par la famille de ses
« rois. Depuis cinq ou six cents ans ce
« royaume a été fréquemment troublé par
« les dissensions et les guerres. Enfin, il a
« demandé secours à Siam, qui est venu
« rétablir la paix. On a élevé sur le trône
« le roi Ang-Eng, qui, en reconnaissance,
« a donné à Siam les provinces de Bat-

« tambang et d'Angcor. Depuis ce temps
« ces deux provinces n'appartiennent plus
« au Cambodge; elles sont gouvernées par
« Siam, ainsi que le Laos *jusqu'au grand*
« *fleuve.* »

.....Jusqu'au grand fleuve !

Après cet aveu aussi précis que spontané,
fait par des gens plus enclins à exagérer
leurs prétentions qu'à les restreindre, le
Times est mal venu à dire que la revendication de la rive gauche du Mékong n'est pas
seulement une rectification de frontière,
mais qu'elle constitue une véritable annexion.

De plus, en proclamant que les provinces
de Battambang et d'Angcor leur ont été
cédées pour prix de l'appui donné au roi,
les Siamois reconnaissent implicitement que
le Cambodge a payé sa dette, et qu'ils n'ont
aucun droit sur les provinces du Nord. On se
demande alors comment elles se trouvent
actuellement entre les mains des Siamois?

En voici la raison, à la page 181 du même ouvrage :

« Le commandant de Lagrée alla visiter
« pendant notre séjour à Khong un ou deux
« villages de cette province situés sur la rive
« droite du grand fleuve, et remonta pen-
« dant quelques milles la rivière Repou, que
« les Laotiens appellent le Lompou. Il re-
« vint convaincu de l'importance qu'il y avait
« pour le Cambodge et pour le commerce
« de notre colonie de Cochinchine, de reven-
« diquer la possession de ce territoire, dont
« *Siam s'est emparé par trahison en* 1860. »

En faisant si bon marché de nos droits, le
journal anglais affecte de croire que l'indépendance politique et commerciale du Siam
est en danger, et que « la frontière des Indes
est menacée par l'approche des Français ».

Voilà de bien grands mots, destinés surtout
à déplacer la question, à surexciter chez les
siens ce chauvinisme dont on nous accorde si
gratuitement le monopole, et à nous impri-

mer une crainte salutaire des croquemitaines qu'il montre dans la coulisse.

Le *Times* oublie vraiment que si l'Angleterre court sur son erre depuis 1815, le blessé de 1870 a repris des forces, bien effectives celles-là, qui lui permettent de sourire maintenant aux menaces plus ou moins déguisées qu'on lui adresse.

Comme on le disait ces jours-ci à Toulouse : « La France a recouvré le rang et la « puissance qui doivent lui appartenir... « Elle entend conserver son empire colonial « intact... Respectueuse des droits et des « intérêts légitimes des peuples, la France « veut la paix, mais elle la veut avec le main- « tien intégral de ses propres droits et de ses « propres intérêts, qu'elle est bien résolue à « défendre et à faire respecter par tous et « partout. »

Mais je reviens à la question du Siam dont je ne me suis pas écarté autant qu'on pourrait le croire.

⁂
⁂ ⁂

Notre intervention sur les bords du Mékong est devenue absolument nécessaire.

Elle a des visées moins ambitieuses que celles qu'on veut bien nous prêter pour les besoins de la cause.

Nous voulons simplement rappeler à la cour de Siam les empiètements et les spoliations violentes dont l'Annam et le Cambodge, nos protégés actuels, ont été les victimes.

Nous laisserons les Siamois, « des voisins parfaits, d'après le *Times,* adapter la civilisation européenne à leurs vieilles institutions ».

Nous comptons même les y aider, surtout en ce qui concerne la question de l'esclavage, cette plaie hideuse qui déshonore le pays et que ses conseillers, si puritains sous d'autres latitudes, auraient dû chercher à guérir en provoquant l'interdiction du commerce des

2

esclaves. Bangkok est encore un des points d'écoulement de cette denrée humaine.

Il n'est pas hors de propos de donner ici quelques documents relatifs à cette question peu connue en Europe.

Francis Garnier s'étend à plusieurs reprises sur les conséquences déplorables qu'entraîne le trafic des esclaves : « La guerre entre toutes les tribus presque à l'état de permanence, des enlèvements à main armée et d'indignes violences de la part des marchands qu'attire chaque année ce commerce lucratif. »

M. Harmand, qui a parcouru le pays quinze ans après Francis Garnier, signale également, dans le *Tour du monde,* toutes les horreurs et les cruautés de la chasse à l'homme que l'on pratique encore.

« Il paraît que, lorsque les temps sont durs, que la rentrée de l'impôt n'a pas été fructueuse, qu'une épizootie a sévi sur les buffles ou sur les éléphants, en un mot qu'il faut se

« remonter un peu » , les mandarins laotiens organisent des expéditions contre les sauvages. On va donc, sous un prétexte quelconque, établir un camp dans un endroit favorable, et de là on rayonne sur les villages que l'on espère cerner ou surprendre : c'est, à la lettre, une véritable chasse. Les sauvages n'habitent que de faibles hameaux composés de quelques cases, et ils n'ont aucun moyen de résister par la force à l'attaque d'hommes nombreux et armés de fusils.

« Quand le nombre des captifs de tout âge et de tout sexe paraît suffisant, on les mène chargés de liens à Bassac, à Stung-treng, à Attopeu.

« C'est à l'esclavage qu'il faut demander la raison de l'isolement réciproque des races de l'Indo-Chine, de la haine qui existe entre elles, et de la crainte qui s'oppose presque entièrement à ces relations commerciales d'où résultent non seulement des échanges de produits, mais aussi d'idées, et que l'on peut appeler le véritable facteur de la civilisation.

« Si l'esclavage était supprimé, les Laotiens viendraient commercer chez les sauvages; les Annamites, de leur côté, pourraient, sans crainte de se voir enlevés, franchir partout leurs montagnes, et, en se mettant en rapport avec les populations de la vallée du Mékong, ouvrir aux produits naturels du sol et des forêts, des débouchés vers la mer de Chine, qui semble si loin, et qui est en réalité si proche. »

Dans le compte rendu de ses travaux de 1884, la Société des missions étrangères publie la relation suivante, sous la signature de M. Vey :

« Le Père Prodhomme a poussé une pointe sur Attopeu. La rumeur publique lui avait appris qu'il y avait là des chrétiens venus de l'Annam. Il ne put découvrir qu'un seul chrétien, mais en retour il apprit à n'en pouvoir douter que ces parages contenaient plus de quatre mille Annamites enlevés de chez eux par les Khas et vendus au Laos. Ne pouvant rien faire pour ces pauvres gens qui accouraient à lui de tous côtés, il dut se contenter de racheter le chrétien, qui, prosterné et cramponné à ses pieds, ne voulait pas le quitter. Le Père Prodhomme reprit, le cœur bien gros, le chemin d'Oubone. »

Voici un autre fait qui se serait passé, d'après Mgr Van Camelbeke, dans la chrétienté de Phuoc-tho, située, par le travers d'Attopeu, dans la province de Kuang-ngaï :

« Cette contrée est malheureusement éprouvée de temps en temps par les incursions des sauvages qui descendent furtivement de leurs montagnes dans la plaine pour piller les villages et y faire des prisonniers qu'ils vendent ensuite. C'est ainsi que pendant mon séjour dans la chrétienté de Phuoc-tho ces hardis voleurs firent irruption pendant la nuit et réussirent à enlever deux enfants chrétiens de cette même paroisse. »

Il est probable que ce sont les Annamites enlevés de cette façon qui vont grossir le nombre des Annamites esclaves trouvés par le Père Prodhomme sur le plateau d'Attopeu.

Le protectorat de l'Annam nous impose le devoir d'exiger la libération immédiate de tous les malheureux tombés ainsi en servitude, et de faire comprendre à la cour de Siam que la vente d'esclaves annamites au Laos ne saurait être tolérée plus longtemps.

La suppression de cet odieux trafic est une mesure urgente, de laquelle dépendent le développement des ressources et la sécurité de la contrée. Cette réforme transformerait le pays, car la chasse à l'homme, pratiquée sur une large échelle, amène la décroissance de la population et imprime aux mœurs des habitants un caractère regrettable de brutalité.

❋
❋ ❋

Comme on le voit, il ne s'agit pas simplement d'intérêts commerciaux ni d'expansion coloniale dans cette affaire siamoise, *c'est la dignité et le prestige de la France qui sont en jeu.*

Aussi devons-nous savoir gré à M. F. Deloncle d'avoir porté cette grave question à la tribune du Parlement dans la séance du 4 février.

Le discours qu'il a prononcé à cette occasion ne saurait se plier à une analyse succincte, et je le transcris *in extenso,* car il présente un exposé complet de la situation. Nous puiserons dans cette page d'histoire le sentiment de l'outrage reçu et la volonté ferme d'obtenir une réparation éclatante :

« Je viens simplement poser quelques questions au Gouvernement.

« La première de ces questions complète

les observations que mes honorables collè-
gues et amis, MM. Martineau et Le Roy, ont
portées à la tribune, au sujet des empiètements des Siamois sur notre empire d'Indo-
Chine.

« Les Siamois ignorent ou prétendent
ignorer les droits de l'Annam sur son antique
vassale, la principauté de Louang-prabang.
Les Siamois ignorent ou prétendent ignorer
les droits de l'Annam sur les petits États
laotiens au nord de l'ancien Cambodge, de
la rive droite du Mékong, et dont un certain
nombre envoyaient, jusqu'à ces dernières
années, un tribut à Hué ; les Siamois ignorent ou veulent ignorer les droits absolus de
l'Annam sur tous les territoires placés entre
la mer et la rive gauche du Mékong, c'est-à-
dire les pays d'Attopeu, de Saravane, les phus
de Cam-lô, de Lac-bien, de Tran-tinh, Tran-
dinh, Tran-ninh, Tran-bien, le Muong-lu, etc.,
qui de temps immémorial ont fait partie
de l'empire annamite et doivent être pure-

ment et simplement rattachés à l'administration directe de nos résidences; enfin, les
Siamois ignorent ou prétendent ignorer les
droits du Cambodge sur les anciennes provinces du royaume cambodgien, que le Siam
détient indûment et en dépit du traité de
1867, ordonnant une délimitation à laquelle
la cour de Bangkok s'est toujours refusée.

« Et c'est ainsi que, patiemment et sans
bruit, les Siamois usurpent une à une toutes
les dépendances de nos protégés l'empereur
d'Annam et le roi Norodom. Vainement nos
protégés protestent, et réclament notre protection contre cette invasion : nous laissons
faire, depuis quelques années, avec de telles
apparences de résignation que l'audace siamoise s'en accroît tous les jours et que les
bons patriotes se demandent avec inquié-
tude jusqu'où elle n'ira pas. Voilà les postes
siamois aux portes de Hué; les voilà à quelques jours d'Hanoï; ils ne se gênent pas
pour traiter avec le plus parfait dédain

nos agents politiques et maltraiter nos commerçants, témoin l'expulsion de Houten
de M. Champenois, qui réclame de ce
chef, non sans raison, une indemnité de
100,000 francs. Pour tout dire, la faiblesse
de nos représentants et quelquefois de notre
Gouvernement dans ces régions est telle,
que deux fonctionnaires siamois n'ont pas
craint, au mois de septembre 1891, de ren-
verser le drapeau français chez les Pouens.
Non seulement on ne les a pas inquiétés,
mais l'un d'eux a reçu la rosette d'officier
de la Légion d'honneur et l'autre a été fait
chevalier par la diplomatie de la Républi-
que. (*Mouvements divers.*)

« Il me semble qu'en vérité nous y mettons
trop de longanimité. Il n'est pas possible
que nous ayons conquis le Cambodge, le
Tonkin et l'Annam, et acquis des droits sur
tout le Laos des deux rives du Mékong en
vertu de traités solennels et sans conteste
pour abandonner au Siam les meilleurs

fruits de notre conquête. Nous sommes dupes du Siam depuis cinq ou six ans ; en voilà assez.

« Sachons revenir à la politique virile qui en 1882, sous le consulat général de M. Harmand et sous l'administration de l'honorable M. Le Myre de Vilers, avait mis le Siam sous notre influence, parce que la France savait alors lui parler net et sans barguigner. Rappelons au Siam les limites auxquelles il doit se borner et qu'il a très bien respectées jusqu'à l'expédition des Hos, jusqu'à notre guerre du Tonkin et jusqu'à la rébellion cambodgienne de Si-votha.

« Sans doute, à cette époque, quelques mandarins siamois allaient parfois chercher aventure chez les Laotiens du Mékong : mais c'était pure tolérance de la part des Cambodgiens et des Annamites, et il n'y avait pas, comme aujourd'hui, des frères du roi et des généraux en chef campés en maîtres absolus sur les deux rives du fleuve. L'admi-

nistration régulière, officielle de la cour de
Bangkok ne dépassait pas le bassin de la
Ménam proprement dit et la péninsule ma-
laise, et le royaume ne comprenait que les
provinces énumérées dans les quatre classes
reproduites par les lois imprimées du Siam,
dont le *Siam Directory*, annuaire officiel,
donne des extraits authentiques, publiés
sous le contrôle du roi lui-même. Ce docu-
ment est absolument probant : ramenons-y
le Siam ; qu'il règne en paix, dans la pléni-
tude de son intégrité et de son indépendance, sur les provinces énumérées au *Siam
Directory*, mais qu'il n'essaye pas plus longtemps de s'établir impunément sur les territoires dépendant de notre empire.

« Ne craignez pas, monsieur le sous-secrétaire d'État, de marquer à Bangkok notre
dessein bien arrêté de ne pas être joués plus
longtemps par les bonnes mines, la diplomatie endormante, les intrigues compliquées
avec lesquelles, depuis 1884, on a su para-

lyser les meilleures volontés de nos agents. (*Très bien! très bien!*)

« Les Siamois sont comme tous les autres peuples d'Orient : ils se croient forts parce que nous les avons habitués à se considérer comme tels; ils portent beaucoup de fierté, parce que nous avons été et nous sommes trop humbles à leur égard. Ils jouent beaucoup, vis-à-vis de nous, de prétendus concours qu'ils attendent avec confiance de l'Angleterre ou de l'Allemagne; mais, je vous le demande, messieurs, que peuvent avoir à faire l'Angleterre ou l'Allemagne dans une question de frontières entre le Siam, le Cambodge et l'Annam qui n'intéresse que la France? Est-ce que nous nous occupons de la délimitation actuellement en cours dans les États Shans-Birmans, entre le Siam et l'Angleterre? Est-ce que nous avons jamais géné un seul instant l'action commerciale allemande ou italienne à Bangkok?

« Non, messieurs, il n'y a pas d'intérêts internationaux engagés dans cette affaire. Avec l'Angleterre, nous n'avons dans ces régions qu'une seule question, celle du haut Mékong, du point où ce fleuve sort de Chine, en amont de Xieng-hong, jusqu'au point de Xienh-sen, où il touche à la frontière nord-ouest du Siam. Là, vous le savez, la rive gauche du Mékong constitue la limite du Tonkin français et des États Shans-Birmans, de par la déclaration birmane que j'ai rapportée en 1884 de Mandalay, et de par d'autres arrangements qui ont permis à l'honorable M. Ribot, alors ministre des affaires étrangères, de déclarer, il y a deux ans, à la Chambre, que jamais il n'admettrait d'autre ligne de frontière entre le Tonkin et les États Shans-Birmans dépendant de l'Angleterre.

« J'ajouterai que, depuis cette époque, lord Salisbury a reconnu, à la Chambre des lords, que son gouvernement n'avait rien à voir aux difficultés de frontières pendantes entre le Siam et la France. Nous avons donc les mains libres, à condition de respecter l'intégrité et l'indépendance du Siam proprement dit.

« Les mesures à prendre, dans ces conditions, le Gouvernement les connaît, et je m'en rapporte à l'esprit de résolution de mon honorable ami M. le sous-secrétaire d'État.

« Ce ne sont pas de grandes mesures militaires, car, vous l'apprendrez non sans quelque surprise, ce travail d'invasion est accompli par le Siam rien qu'à l'aide de cent cinquante à deux cents soldats siamois : avec ce faible chiffre de troupes, ils occupent une région plus grande que la moitié de la France.

« Avouez, messieurs, qu'il suffirait d'y mettre un peu de bonne volonté et d'avoir la vraie conscience des droits de la France pour faire rentrer tout dans l'ordre. Malheureusement, je crains que trop souvent nos agents ne manquent de cette vraie con-science. (*Très bien! très bien!*) »

On ne pouvait préciser d'une façon plus nette l'étendue de nos droits et de nos devoirs, ni donner des conseils plus sages.

Méfions-nous, en effet, de cette diplomatie endormante, de ces déclarations perfides où l'on se dit prêt à régler pacifiquement les questions pendantes et qui ne sont qu'un leurre pour gagner du temps et pouvoir escompter les événements.

Sachons nous résoudre à une action décisive et immédiate, et surtout marchons droit au but sans disséminer nos efforts le long d'une frontière immense que notre prestige reconquis suffira seul à défendre. C'est le blocus des ports du Nord qui a permis à l'amiral Courbet de venir à bout de la résistance de la Chine. Nous avons fini par où nous aurions dû commencer.

Puisse cet enseignement nous profiter aujourd'hui!

Au Siam comme en Chine, c'est au cœur de la place qu'il faut aller frapper pour atteindre le but, et le temps presse, car s'il est vrai de dire : « Time is money » , on peut ajouter dans la circonstance : « Time is blood. »

Les nouvelles du dernier courrier nous apprennent, en effet, que les préparatifs du gouvernement siamois prennent de plus en plus une tournure belliqueuse. Le beau temps des marchands d'armes est revenu.

De Hong-kong et de Singapour, Allemands et Anglais s'empressent d'écouler leurs vieux stocks d'engins et de munitions de guerre.

Attendrons-nous encore, comme nous l'avons fait en Chine, que la quantité négligeable soit devenue un facteur important, quand il suffirait d'une démonstration devant Bangkok pour faire réfléchir la cour de Siam et lui donner au moins un prétexte honorable pour s'incliner devant nous, car dans ces pays d'Extrême-Orient, il faut savoir aider l'adversaire à tomber avec grâce, c'est-à-dire sans « perdre la face ».

Tel qui serait prêt à céder sur le fond luttera jusqu'à la dernière extrémité pour sauver la forme. Il consent à lâcher la proie, mais il se cramponne à l'ombre afin de sauvegarder son honneur.

*
* *

D'après un correspondant anglais de Bangkok, « on se propose d'envoyer 30,000 hommes et plus dans le voisinage du Mékong pour arrêter les Français. »

Si non è vero è ben trovato.

Je reconnais cette tactique à double effet que l'on a jadis employée contre nous.

Cela me rappelle les conseils donnés aussi à la Chine, au début de la question tonkinoise, et lui traçant la meilleure marche à suivre pour nous faire reculer.

Mais ce n'est pas le seul emprunt que l'on ait fait, ou que l'on fera, à l'histoire de nos débats avec le Céleste Empire.

Dans l'affaire de Khône, où un de nos officiers a été surpris par un retour offensif des soldats siamois, — et il faut s'attendre à d'autres incidents de cette nature, — n'a-t-on pas entendu la légation de Siam chanter cette antienne bien connue : « Nous n'y sommes pour rien, ce sont les Pavillons noirs laotiens... des gens terribles ! »

Jusqu'à ce que nous ayons pris un parti décisif, on conservera le vague espoir de nous intimider, de voir se reproduire *l'indécision et le défaut d'entente* qui ont marqué notre politique pendant l'imbroglio chinois.

C'est surtout devant l'ennemi que l'union fait la force, et on l'avait trop oublié à la Chambre.

Que d'or et de sang cette faute nous a coûté !

L'entourage cosmopolite du roi n'a pas

manqué de lui dénombrer ses chances de succès s'il fait traîner les choses en longueur.

Tous ces conseillers ne sont-ils pas intéressés à prêcher la résistance et à rendre la lutte inévitable, afin d'être plus à l'aise pour pêcher en eau trouble?

※
※ ※

Malgré la déclaration de lord Salisbury à la Chambre des lords, je ne puis prendre au pied de la lettre le prétendu désintéressement qu'on affiche en si haut lieu, relativement à ce qui touche au Mékong. Lord Rosebery, secrétaire d'État pour les affaires étrangères, se défend d'avoir excité le Siam contre nous, mais il profite de l'occasion pour insinuer négligemment que les Siamois peuvent nous opposer une prescription de quinze ans comme droit de possession sur les territoires que nous réclamons.

On n'avait pas trouvé jadis, de l'autre
côté de la Manche, qu'une prescription de
deux siècles pût couvrir l'Alsace-Lorraine.

Si nous ne rencontrons pas de résistance
apparente dans les sphères officielles, nous
nous heurtons néanmoins à un groupe com-
pact de francs-tireurs qui se sont chargés
officieusement de la besogne. Les explorateurs, les sociétés de géographie, les cham-
bres de commerce ont commencé depuis
longtemps la campagne contre nous. Elle se
poursuit avec acharnement en Angleterre
comme à Bangkok, à Singapour et à Hong-
kong, partout où l'influence anglaise a un
moyen d'action.

Toutes les armes sont bonnes pour nous
combattre, et la logique comme la bonne
foi sont bien souvent exclues des procédés
de discussion employés à notre égard.

Voici les paroles prononcées, l'an dernier,
devant la Société royale de géographie par
M. Holt Hallett :

« Tous les fonctionnaires et explorateurs français ont exprimé l'espoir que le Mékong deviendra depuis le Cambodge leur future frontière du côté de notre empire indien et du Siam. *Si nous permettons aux Siamois de conserver les territoires qu'ils ont enlevés récemment à nos vassaux*, nous frayons tout simplement la route à l'accomplissement des espérances françaises, nous laissons bloquer ce qui peut être notre meilleure route pour réunir par un chemin de fer un de nos ports birmans avec le poste frontière chinois de Sou-Mao. Les explorateurs français sont occupés à relever toute cette région et à l'ouvrir à leur commerce. Lord Lamington a trouvé les postes français établis jusque dans la vallée du Mékong. Il me semble donc que, si l'on n'y prend garde, *l'annexion à la France de tous les territoires septentrionaux du Siam n'est plus qu'une affaire de temps.* »

Qu'on relise les passages que j'ai soulignés à dessein.

Le même acte est qualifié d'un nom différent suivant la rive du fleuve et la nationalité de l'opérateur.

A droite, côté anglais, on veut reprendre le territoire envahi par les Siamois : c'est une restitution !

A gauche, côté français, on manifeste le même désir : c'est l'annexion du bien d'autrui ! Pour peu on crierait : Au voleur !

Il n'est pas sans intérêt de relever le cynisme ou l'inconscience avec laquelle ces choses-là sont dites.

Dans la relation du voyage que lord Lamington vient de faire de la Birmanie au Tonkin à travers le haut Laos, une phrase malheureuse m'a frappé.

En dénonçant la marche progressive des Siamois dans les États Shans, lord Lamington prétend « qu'ils sont l'avant-garde des Français ».

Pouvait-il le croire ?

En tout cas, l'argument était bon ; car,

pour punir une conduite aussi déloyale, il ne voit qu'un moyen : « l'annexion du Siam ».

« Le territoire laotien reconnaît purement la suzeraineté du Siam, mais ce dernier lui impose plus fortement son autorité malgré les observations des Laotiens. Assurément le Siam est avisé de *vouloir consolider sa puissance sur ses États tributaires.* »

Veut-on savoir maintenant pourquoi lord Lamington nous trouve malavisés à notre tour de revendiquer ce même droit, au nom de l'Annam dont ces mêmes États sont tributaires?

Il nous le dit sans balbutier : « L'Angleterre, plus que toutes les autres puissances européennes, a le plus grand intérêt à s'établir au Siam. »

Il est inutile de dire que l'explorateur Holt Hallett arrive à la *même conclusion.*

C'est là, du reste, le « *delenda Carthago* » de presque tous les écrivains, et ils sont légion, qui ont traité ce sujet brûlant.

Quelques-uns, les arriérés, parlent encore du rôle utile que jouerait le Siam comme État « tampon » entre l'Angleterre et nous ; mais la plupart ont fait un grand pas en avant. Ils ne se contentent plus maintenant que de « l'annexion » ou du « protectorat » au nom des intérêts sacrés du commerce britannique.

Nous sommes donc prévenus ; on ne pourra pas dire cette fois qu'on nous a pris en traîtres.

✻
✻ ✻

J'ai essayé de mettre en relief les divers aspects de la question siamoise. Il serait bien simple, à mon avis, de régler rapidement cette affaire.

Nous n'avons plus une minute à perdre dans des discussions inutiles. Il ne nous reste qu'à dicter notre volonté et à l'appuyer résolument.

M. Deloncle nous a dit : « Ayons con-
science de notre droit. » J'ajoute à mon
tour : *« Ayons enfin conscience de notre
force »*, et bien des questions que l'on hésite
encore à aborder se résoudront avec une
facilité que nous ne paraissons pas soup-
çonner.

Comme conclusion de cette étude, je ne
puis mieux faire que de citer ici les lignes
que Francis Garnier écrivait, il y a plus de
vingt ans déjà, sur la politique de la France
en Indo-Chine, et qui sont encore empreintes
de la plus grande actualité.

Son patriotisme clairvoyant nous signalait
dès cette époque les ennuis que devait nous
susciter le Siam entraîné dans l'orbite de
l'Angleterre.

Écoutons cette voix d'outre-tombe, car les
conseils donnés par un tel mort seront pour
nous un enseignement précieux :

« Les guerres intestines qui ont désolé
l'empire d'Annam sous Gia-long lui ont fait

perdre la situation politique qu'il occupait dans la vallée du Cambodge.

« Le gouvernement siamois a profité de cette circonstance pour effectuer la conquête du Laos. Il allait consommer également la destruction complète de l'ancien royaume du Cambodge, lorsque la France est intervenue, et, par l'établissement de son protectorat, s'est ménagé un accès à l'intérieur du pays, et a rouvert de ce côté une issue à l'émigration annamite. Mais les agissements postérieurs de notre politique n'ont pas répondu à ces débuts. On a fait au gouvernement siamois des concessions fâcheuses qui ont amoindri notre prestige et compromis l'avenir. J'ai raconté dans un de mes ouvrages comment les Siamois s'étaient emparés, au mépris des traités, des provinces cambodgiennes de Battambang et d'Angcor, et j'ai insisté sur les avantages commerciaux que présenterait l'unité de domination sur les rives du Grand Lac. Malheureusement,

l'ignorance et la précipitation de notre diplomatie ont laissé ratifier une usurpation qui
sera et qui est déjà une cause de conflits
incessants.

« Le traité qui a cédé d'un trait de plume
la moitié du Cambodge aux Siamois a été
conclu malgré l'opposition du gouvernement
de Cochinchine. A cette époque, on ignorait
au ministère des affaires étrangères qu'au
nord des provinces de Battambang et d'Angcor, livrées à Bangkok *en échange de la reconnaissance de notre protectorat sur le reste du
Cambodge,* il y avait six autres provinces
entièrement cambodgiennes, dont les Siamois n'avaient eu garde d'indiquer l'exis-
tence, et qui n'avaient point encore leurs
places marquées sur nos cartes. Ainsi on
s'engageait à délimiter des frontières sans
connaître le premier mot de la géographie
locale !

« Nous devons essayer de faire restituer
au Cambodge les provinces de Battambang

et d'Angcor, en proposant au gouvernement de Bangkok leur échange contre les
provinces plus septentrionales de Muluprey
et de Tonly Repou, dont la prise de possession par les Siamois a été le résultat d'une
trahison et n'a été sanctionnée par aucun
traité.

« Nous pouvons encore, si nous le voulons, retrouver en Indo-Chine l'empire colonial que Dupleix avait rêvé pour nous dans
l'Inde. Notre industrie et notre commerce,
épuisés par tant de sacrifices, compromis
par tant de lourdes charges, peuvent y retrouver les débouchés et les éléments de
richesse suffisants pour leur permettre de
lutter avantageusement avec les industries
et les commerces rivaux.

« Il est temps que notre commerce cherche
à s'assurer la place qui lui revient dans les
relations déjà considérables, mais appe-
lées à centupler encore, de la Chine avec
l'Orient.

« Malheureusement, nous avons subor-
donné jusqu'à présent notre politique à celle
de l'Angleterre. Habituée à faire bon marché d'intérêts aussi lointains, notre diplomatie les a toujours sacrifiés aux nécessités
de la « cordiale entente ». Ces sacrifices
ont été sans retour. Plus nous avons effacé
notre politique devant celle de nos alliés,
moins ils ont compté avec nous. À l'avenir, il faut suivre une ligne de conduite
opposée.

« Il faut redevenir nous-mêmes, ne plus
accepter de servir les intérêts étrangers dans
l'espoir de compensations chimériques.

« La politique qui met tout son honneur
et toute son habileté à faire prévaloir les
intérêts nationaux est la seule fructueuse,
comme elle est la seule sincère.

« Tentons aujourd'hui par tous les moyens
possibles de réveiller dans notre pays l'esprit
d'initiative; le caractère national se relèvera
dans les entreprises lointaines, en utilisant

au bénéfice de la patrie des facultés et des
énergies qui, en France, abandonnées à
elles-mêmes, s'étiolent stériles ou grandissent
dangereuses. »

Paris, 10 juin 1893.

PARIS. TYP. DE E. PLON, NOURRIT ET Cⁱᵉ, RUE GARANCIÈRE, 8.